SIT AND SAVOR JOURNAL

Heather Holleman

MOODY PUBLISHERS
CHICAGO

Printed by Editorial Nomos S.A. in Bogota, Colombia – December 2024

Edited by Pamela Joy Pugh
Cover and interior design by Kaylee Lockenour Dunn

ISBN: 978-0-8024-3724-2

Originally delivered by fleets of horse-drawn wagons, the affordable paperbacks from D. L. Moody's publishing house resourced the church and served everyday people. Now, after more than 125 years of publishing and ministry, Moody Publishers' mission remains the same—even if our delivery systems have changed a bit. For more information on other books (and resources) created from a biblical perspective, go to www.moodypublishers.com or write to:

Moody Publishers
820 N. LaSalle Boulevard
Chicago, IL 60610

1 3 5 7 9 10 8 6 4 2

Printed in Colombia

Hello to you!

Every time you write in this journal, you're helping yourself feel a little more joyful, a little less anxious, and a little more connected to God.

I spend a few minutes every morning filing out my lists of **gratitude, my needs,** and **people I'm praying for**. I also like to record any special Bible verses I find (especially in the Psalms).

You can look back on your *Sit and Savor Journal* in years to come to see all the ways God brought good things into your life to savor and all the ways He answered your prayers.

Just like Elita Brown, we can learn to sit and savor.

Enjoy this special journal made just for you.

–Heather Holleman

Journaling Structure

My Gratitude:

Give thanks in all circumstances; for this is God's will for you in Christ Jesus. –1 Thessalonians 5:18

My Needs:

I lay my requests before you and wait expectantly. –Psalm 5:3

Friends I'm praying for:

Therefore . . . pray for each other. –James 5:16

Notes from Bible Reading

Things I'm thinking about and learning about

Date: _____

MY
GRATITUDE:

1. _____
2. _____
3. _____
4. _____
5. _____

MY
NEEDS:

1. _____
2. _____
3. _____
4. _____
5. _____

FRIENDS I'M
PRAYING FOR:

1. _____
2. _____
3. _____
4. _____
5. _____

Notes from Bible Reading

_____
_____
_____
_____
_____
_____

Things I'm thinking about and learning about:

Date: _____

MY
GRATITUDE:

1. _____
2. _____
3. _____
4. _____
5. _____

MY
NEEDS:

1. _____
2. _____
3. _____
4. _____
5. _____

FRIENDS I'M
PRAYING FOR:

1. _____
2. _____
3. _____
4. _____
5. _____

Notes from Bible Reading

_____
_____
_____
_____
_____
_____

Things I'm thinking about and learning about:

Date: _____

MY
GRATITUDE:

1. _____
2. _____
3. _____
4. _____
5. _____

MY
NEEDS:

1. _____
2. _____
3. _____
4. _____
5. _____

FRIENDS I'M
PRAYING FOR:

1. _____
2. _____
3. _____
4. _____
5. _____

Notes from Bible Reading

_____
_____
_____
_____
_____
_____

Things I'm thinking about and learning about:

Date: _____

MY
GRATITUDE:

1. _____
2. _____
3. _____
4. _____
5. _____

MY
NEEDS:

1. _____
2. _____
3. _____
4. _____
5. _____

FRIENDS I'M
PRAYING FOR:

1. _____
2. _____
3. _____
4. _____
5. _____

Notes from Bible Reading

_____

_____

_____

_____

_____

_____

Things I'm thinking about and learning about:

Date: _____

MY
GRATITUDE:

1. _____
2. _____
3. _____
4. _____
5. _____

MY
NEEDS:

1. _____
2. _____
3. _____
4. _____
5. _____

FRIENDS I'M
PRAYING FOR:

1. _____
2. _____
3. _____
4. _____
5. _____

Notes from Bible Reading

_____

_____

_____

_____

_____

_____

Things I'm thinking about and learning about:

Date: _____

MY
GRATITUDE:

1. _____
2. _____
3. _____
4. _____
5. _____

MY
NEEDS:

1. _____
2. _____
3. _____
4. _____
5. _____

FRIENDS I'M
PRAYING FOR:

1. _____
2. _____
3. _____
4. _____
5. _____

Notes from Bible Reading

_____

_____

_____

_____

_____

_____

Things I'm thinking about and learning about:

Date: _____

MY
GRATITUDE:

1. _____
2. _____
3. _____
4. _____
5. _____

MY
NEEDS:

1. _____
2. _____
3. _____
4. _____
5. _____

FRIENDS I'M
PRAYING FOR:

1. _____
2. _____
3. _____
4. _____
5. _____

Notes from Bible Reading

_____
_____
_____
_____
_____
_____

Things I'm thinking about and learning about:

Date: _____

MY
GRATITUDE:

1. _____
2. _____
3. _____
4. _____
5. _____

MY
NEEDS:

1. _____
2. _____
3. _____
4. _____
5. _____

FRIENDS I'M
PRAYING FOR:

1. _____
2. _____
3. _____
4. _____
5. _____

Notes from Bible Reading

_____
_____
_____
_____
_____
_____

Things I'm thinking about and learning about:

Date: _____

MY
GRATITUDE:

1. _____
2. _____
3. _____
4. _____
5. _____

MY
NEEDS:

1. _____
2. _____
3. _____
4. _____
5. _____

FRIENDS I'M
PRAYING FOR:

1. _____
2. _____
3. _____
4. _____
5. _____

Notes from Bible Reading

_____

_____

_____

_____

_____

_____

Things I'm thinking about and learning about:

Date: _____

MY
GRATITUDE:

1. _____
2. _____
3. _____
4. _____
5. _____

MY
NEEDS:

1. _____
2. _____
3. _____
4. _____
5. _____

FRIENDS I'M
PRAYING FOR:

1. _____
2. _____
3. _____
4. _____
5. _____

Notes from Bible Reading

_____
_____
_____
_____
_____
_____

Things I'm thinking about and learning about:

Date: _____

MY
GRATITUDE:

1. _____
2. _____
3. _____
4. _____
5. _____

MY
NEEDS:

1. _____
2. _____
3. _____
4. _____
5. _____

FRIENDS I'M
PRAYING FOR:

1. _____
2. _____
3. _____
4. _____
5. _____

Notes from Bible Reading

_____

_____

_____

_____

_____

_____

Things I'm thinking about and learning about:

Date: _____

MY
GRATITUDE:

1. _____
2. _____
3. _____
4. _____
5. _____

MY
NEEDS:

1. _____
2. _____
3. _____
4. _____
5. _____

FRIENDS I'M
PRAYING FOR:

1. _____
2. _____
3. _____
4. _____
5. _____

Notes from Bible Reading

_____
_____
_____
_____
_____

Things I'm thinking about and learning about:

Ephesians 2:6

*And God raised us up with Christ
and seated us with him in the heavenly realms
in Christ Jesus.*

Date: _____

MY
GRATITUDE:

1. _____
2. _____
3. _____
4. _____
5. _____

MY
NEEDS:

1. _____
2. _____
3. _____
4. _____
5. _____

FRIENDS I'M
PRAYING FOR:

1. _____
2. _____
3. _____
4. _____
5. _____

Notes from Bible Reading

_____

_____

_____

_____

_____

_____

Things I'm thinking about and learning about:

Date: _____

MY
GRATITUDE:

1. _____
2. _____
3. _____
4. _____
5. _____

MY
NEEDS:

1. _____
2. _____
3. _____
4. _____
5. _____

FRIENDS I'M
PRAYING FOR:

1. _____
2. _____
3. _____
4. _____
5. _____

Notes from Bible Reading

_____
_____
_____
_____
_____
_____

Things I'm thinking about and learning about:

Date: _____

MY
GRATITUDE:

1. _____
2. _____
3. _____
4. _____
5. _____

MY
NEEDS:

1. _____
2. _____
3. _____
4. _____
5. _____

FRIENDS I'M
PRAYING FOR:

1. _____
2. _____
3. _____
4. _____
5. _____

Notes from Bible Reading

_____

_____

_____

_____

_____

Things I'm thinking about and learning about:

Date: _____

MY
GRATITUDE:

1. _____
2. _____
3. _____
4. _____
5. _____

MY
NEEDS:

1. _____
2. _____
3. _____
4. _____
5. _____

FRIENDS I'M
PRAYING FOR:

1. _____
2. _____
3. _____
4. _____
5. _____

Notes from Bible Reading

_____
_____
_____
_____
_____
_____

Things I'm thinking about and learning about:

Date: _____

MY
GRATITUDE:

1. _____
2. _____
3. _____
4. _____
5. _____

MY
NEEDS:

1. _____
2. _____
3. _____
4. _____
5. _____

FRIENDS I'M
PRAYING FOR:

1. _____
2. _____
3. _____
4. _____
5. _____

Notes from Bible Reading

_____

_____

_____

_____

_____

Things I'm thinking about and learning about:

Date: _____

MY
GRATITUDE:

1. _____
2. _____
3. _____
4. _____
5. _____

MY
NEEDS:

1. _____
2. _____
3. _____
4. _____
5. _____

FRIENDS I'M
PRAYING FOR:

1. _____
2. _____
3. _____
4. _____
5. _____

Notes from Bible Reading

_____
_____
_____
_____
_____
_____

Things I'm thinking about and learning about:

Date: _____

MY GRATITUDE:

1. _____
2. _____
3. _____
4. _____
5. _____

MY NEEDS:

1. _____
2. _____
3. _____
4. _____
5. _____

FRIENDS I'M PRAYING FOR:

1. _____
2. _____
3. _____
4. _____
5. _____

Notes from Bible Reading

_____
_____
_____
_____
_____
_____

Things I'm thinking about and learning about:

Date: _____

MY
GRATITUDE:

1. _____
2. _____
3. _____
4. _____
5. _____

MY
NEEDS:

1. _____
2. _____
3. _____
4. _____
5. _____

FRIENDS I'M
PRAYING FOR:

1. _____
2. _____
3. _____
4. _____
5. _____

Notes from Bible Reading

_____

_____

_____

_____

_____

_____

Things I'm thinking about and learning about:

Date: _____

MY
GRATITUDE:

1. _____
2. _____
3. _____
4. _____
5. _____

MY
NEEDS:

1. _____
2. _____
3. _____
4. _____
5. _____

FRIENDS I'M
PRAYING FOR:

1. _____
2. _____
3. _____
4. _____
5. _____

Notes from Bible Reading

_____
_____
_____
_____
_____
_____

Things I'm thinking about and learning about:

Date: _____

MY
GRATITUDE:

1. _____
2. _____
3. _____
4. _____
5. _____

MY
NEEDS:

1. _____
2. _____
3. _____
4. _____
5. _____

FRIENDS I'M
PRAYING FOR:

1. _____
2. _____
3. _____
4. _____
5. _____

Notes from Bible Reading

_____
_____
_____
_____
_____
_____

Things I'm thinking about and learning about:

Date: _____

1. _____

2. _____

MY GRATITUDE:

3. _____

4. _____

5. _____

1. _____

2. _____

MY NEEDS:

3. _____

4. _____

5. _____

1. _____

2. _____

FRIENDS I'M PRAYING FOR:

3. _____

4. _____

5. _____

Notes from Bible Reading

_____

_____

_____

_____

_____

_____

Things I'm thinking about and learning about:

Date: _____

MY
GRATITUDE:

1. _____
2. _____
3. _____
4. _____
5. _____

MY
NEEDS:

1. _____
2. _____
3. _____
4. _____
5. _____

FRIENDS I'M
PRAYING FOR:

1. _____
2. _____
3. _____
4. _____
5. _____

Notes from Bible Reading

_____
_____
_____
_____
_____
_____

Things I'm thinking about and learning about:

Ephesians 2:10

For we are God's masterpiece.
He has created us anew in Christ Jesus,
so we can do the good things
he planned for us long ago. (NLT)

Date: _____

MY
GRATITUDE:

1. _____
2. _____
3. _____
4. _____
5. _____

MY
NEEDS:

1. _____
2. _____
3. _____
4. _____
5. _____

FRIENDS I'M
PRAYING FOR:

1. _____
2. _____
3. _____
4. _____
5. _____

Notes from Bible Reading

_____
_____
_____
_____
_____
_____

Things I'm thinking about and learning about:

Date: _____

MY
GRATITUDE:

1. _____
2. _____
3. _____
4. _____
5. _____

MY
NEEDS:

1. _____
2. _____
3. _____
4. _____
5. _____

FRIENDS I'M
PRAYING FOR:

1. _____
2. _____
3. _____
4. _____
5. _____

Notes from Bible Reading

_____
_____
_____
_____
_____
_____

Things I'm thinking about and learning about:

Date: _____

MY
GRATITUDE:

1. _____
2. _____
3. _____
4. _____
5. _____

MY
NEEDS:

1. _____
2. _____
3. _____
4. _____
5. _____

FRIENDS I'M
PRAYING FOR:

1. _____
2. _____
3. _____
4. _____
5. _____

Notes from Bible Reading

_____
_____
_____
_____
_____
_____

Things I'm thinking about and learning about:

Date: _____

MY
GRATITUDE:

1. _____
2. _____
3. _____
4. _____
5. _____

MY
NEEDS:

1. _____
2. _____
3. _____
4. _____
5. _____

FRIENDS I'M
PRAYING FOR:

1. _____
2. _____
3. _____
4. _____
5. _____

Notes from Bible Reading

_____

_____

_____

_____

_____

_____

Things I'm thinking about and learning about:

Date: _____

MY
GRATITUDE:

1. _____
2. _____
3. _____
4. _____
5. _____

MY
NEEDS:

1. _____
2. _____
3. _____
4. _____
5. _____

FRIENDS I'M
PRAYING FOR:

1. _____
2. _____
3. _____
4. _____
5. _____

Notes from Bible Reading

_____
_____
_____
_____
_____
_____

Things I'm thinking about and learning about:

Date: _____

MY
GRATITUDE:

1. _____
2. _____
3. _____
4. _____
5. _____

MY
NEEDS:

1. _____
2. _____
3. _____
4. _____
5. _____

FRIENDS I'M
PRAYING FOR:

1. _____
2. _____
3. _____
4. _____
5. _____

Notes from Bible Reading

_____
_____
_____
_____
_____
_____

Things I'm thinking about and learning about:

Date: _____

MY
GRATITUDE:

1. _____
2. _____
3. _____
4. _____
5. _____

MY
NEEDS:

1. _____
2. _____
3. _____
4. _____
5. _____

FRIENDS I'M
PRAYING FOR:

1. _____
2. _____
3. _____
4. _____
5. _____

Notes from Bible Reading

_____
_____
_____
_____
_____
_____

Things I'm thinking about and learning about:

Date: _____

MY
GRATITUDE:

1. _____
2. _____
3. _____
4. _____
5. _____

MY
NEEDS:

1. _____
2. _____
3. _____
4. _____
5. _____

FRIENDS I'M
PRAYING FOR:

1. _____
2. _____
3. _____
4. _____
5. _____

Notes from Bible Reading

_____
_____
_____
_____
_____
_____

Things I'm thinking about and learning about:

Date: _____

MY
GRATITUDE:

1. _____
2. _____
3. _____
4. _____
5. _____

MY
NEEDS:

1. _____
2. _____
3. _____
4. _____
5. _____

FRIENDS I'M
PRAYING FOR:

1. _____
2. _____
3. _____
4. _____
5. _____

Notes from Bible Reading

_____

_____

_____

_____

_____

_____

Things I'm thinking about and learning about:

Date: _____

MY
GRATITUDE:

1. _____
2. _____
3. _____
4. _____
5. _____

MY
NEEDS:

1. _____
2. _____
3. _____
4. _____
5. _____

FRIENDS I'M
PRAYING FOR:

1. _____
2. _____
3. _____
4. _____
5. _____

Notes from Bible Reading

_____
_____
_____
_____
_____
_____

Things I'm thinking about and learning about:

Date: _____

MY
GRATITUDE:

1. _____
2. _____
3. _____
4. _____
5. _____

MY
NEEDS:

1. _____
2. _____
3. _____
4. _____
5. _____

FRIENDS I'M
PRAYING FOR:

1. _____
2. _____
3. _____
4. _____
5. _____

Notes from Bible Reading

_____

_____

_____

_____

_____

_____

Things I'm thinking about and learning about:

Date: _____

MY
GRATITUDE:

1. _____
2. _____
3. _____
4. _____
5. _____

MY
NEEDS:

1. _____
2. _____
3. _____
4. _____
5. _____

FRIENDS I'M
PRAYING FOR:

1. _____
2. _____
3. _____
4. _____
5. _____

Notes from Bible Reading

_____

_____

_____

_____

_____

_____

Things I'm thinking about and learning about:

Psalm 30:2, 5

"Lᴏʀᴅ, my God, I called to you for help,
and you healed me. . . .
weeping may stay for the night,
but rejoicing comes in the morning."

Date: _____

MY GRATITUDE:

1. _____
2. _____
3. _____
4. _____
5. _____

MY NEEDS:

1. _____
2. _____
3. _____
4. _____
5. _____

FRIENDS I'M PRAYING FOR:

1. _____
2. _____
3. _____
4. _____
5. _____

Notes from Bible Reading

_____

_____

_____

_____

_____

Things I'm thinking about and learning about:

Date: _____

MY
GRATITUDE:

1. _____
2. _____
3. _____
4. _____
5. _____

MY
NEEDS:

1. _____
2. _____
3. _____
4. _____
5. _____

FRIENDS I'M
PRAYING FOR:

1. _____
2. _____
3. _____
4. _____
5. _____

Notes from Bible Reading

_____

_____

_____

_____

_____

_____

Things I'm thinking about and learning about:

Date: _____

MY
GRATITUDE:

1. _____
2. _____
3. _____
4. _____
5. _____

MY
NEEDS:

1. _____
2. _____
3. _____
4. _____
5. _____

FRIENDS I'M
PRAYING FOR:

1. _____
2. _____
3. _____
4. _____
5. _____

Notes from Bible Reading

_____
_____
_____
_____
_____
_____

Things I'm thinking about and learning about:

Date: _____

MY
GRATITUDE:

1. _____
2. _____
3. _____
4. _____
5. _____

MY
NEEDS:

1. _____
2. _____
3. _____
4. _____
5. _____

FRIENDS I'M
PRAYING FOR:

1. _____
2. _____
3. _____
4. _____
5. _____

Notes from Bible Reading

_____
_____
_____
_____
_____
_____

Things I'm thinking about and learning about:

Date: _____

MY
GRATITUDE:

1. _____
2. _____
3. _____
4. _____
5. _____

MY
NEEDS:

1. _____
2. _____
3. _____
4. _____
5. _____

FRIENDS I'M
PRAYING FOR:

1. _____
2. _____
3. _____
4. _____
5. _____

Notes from Bible Reading

_____
_____
_____
_____
_____
_____

Things I'm thinking about and learning about:

Date: _____

MY
GRATITUDE:

1. _____
2. _____
3. _____
4. _____
5. _____

MY
NEEDS:

1. _____
2. _____
3. _____
4. _____
5. _____

FRIENDS I'M
PRAYING FOR:

1. _____
2. _____
3. _____
4. _____
5. _____

Notes from Bible Reading

_____
_____
_____
_____
_____
_____

Things I'm thinking about and learning about:

Date: _____

MY
GRATITUDE:

1. _____
2. _____
3. _____
4. _____
5. _____

MY
NEEDS:

1. _____
2. _____
3. _____
4. _____
5. _____

FRIENDS I'M
PRAYING FOR:

1. _____
2. _____
3. _____
4. _____
5. _____

Notes from Bible Reading

_____
_____
_____
_____
_____

Things I'm thinking about and learning about:

Date: _____

MY
GRATITUDE:

1. _____
2. _____
3. _____
4. _____
5. _____

MY
NEEDS:

1. _____
2. _____
3. _____
4. _____
5. _____

FRIENDS I'M
PRAYING FOR:

1. _____
2. _____
3. _____
4. _____
5. _____

Notes from Bible Reading

_____
_____
_____
_____
_____
_____

Things I'm thinking about and learning about:

Date: _____

MY
GRATITUDE:

1. _____
2. _____
3. _____
4. _____
5. _____

MY
NEEDS:

1. _____
2. _____
3. _____
4. _____
5. _____

FRIENDS I'M
PRAYING FOR:

1. _____
2. _____
3. _____
4. _____
5. _____

Notes from Bible Reading

_____
_____
_____
_____
_____
_____

Things I'm thinking about and learning about:

Date: _____

MY
GRATITUDE:

1. _____
2. _____
3. _____
4. _____
5. _____

MY
NEEDS:

1. _____
2. _____
3. _____
4. _____
5. _____

FRIENDS I'M
PRAYING FOR:

1. _____
2. _____
3. _____
4. _____
5. _____

Notes from Bible Reading

_____
_____
_____
_____
_____
_____

Things I'm thinking about and learning about:

Date: _____

MY
GRATITUDE:

1. _____
2. _____
3. _____
4. _____
5. _____

MY
NEEDS:

1. _____
2. _____
3. _____
4. _____
5. _____

FRIENDS I'M
PRAYING FOR:

1. _____
2. _____
3. _____
4. _____
5. _____

Notes from Bible Reading

_____
_____
_____
_____
_____
_____

Things I'm thinking about and learning about:

Date: _____

MY GRATITUDE:

1. _____
2. _____
3. _____
4. _____
5. _____

MY NEEDS:

1. _____
2. _____
3. _____
4. _____
5. _____

FRIENDS I'M PRAYING FOR:

1. _____
2. _____
3. _____
4. _____
5. _____

Notes from Bible Reading

_____

_____

_____

_____

_____

_____

Things I'm thinking about and learning about:

Hayden Planetarium guide

"All seats provide
equal viewing of the universe.
No matter where you sit,
you won't miss any part of the show."

Date: _____

MY
GRATITUDE:

1. _____
2. _____
3. _____
4. _____
5. _____

MY
NEEDS:

1. _____
2. _____
3. _____
4. _____
5. _____

FRIENDS I'M
PRAYING FOR:

1. _____
2. _____
3. _____
4. _____
5. _____

Notes from Bible Reading

_____
_____
_____
_____
_____
_____

Things I'm thinking about and learning about:

Date: _____

MY
GRATITUDE:

1. _____
2. _____
3. _____
4. _____
5. _____

MY
NEEDS:

1. _____
2. _____
3. _____
4. _____
5. _____

FRIENDS I'M
PRAYING FOR:

1. _____
2. _____
3. _____
4. _____
5. _____

Notes from Bible Reading

_____

_____

_____

_____

_____

Things I'm thinking about and learning about:

Date: _____

MY
GRATITUDE:

1. _____
2. _____
3. _____
4. _____
5. _____

MY
NEEDS:

1. _____
2. _____
3. _____
4. _____
5. _____

FRIENDS I'M
PRAYING FOR:

1. _____
2. _____
3. _____
4. _____
5. _____

Notes from Bible Reading

_____
_____
_____
_____
_____
_____

Things I'm thinking about and learning about:

Date: _____

MY
GRATITUDE:

1. _____
2. _____
3. _____
4. _____
5. _____

MY
NEEDS:

1. _____
2. _____
3. _____
4. _____
5. _____

FRIENDS I'M
PRAYING FOR:

1. _____
2. _____
3. _____
4. _____
5. _____

Notes from Bible Reading

_____

_____

_____

_____

_____

_____

Things I'm thinking about and learning about:

Date: _____

MY
GRATITUDE:

1. _____
2. _____
3. _____
4. _____
5. _____

MY
NEEDS:

1. _____
2. _____
3. _____
4. _____
5. _____

FRIENDS I'M
PRAYING FOR:

1. _____
2. _____
3. _____
4. _____
5. _____

Notes from Bible Reading

_____

_____

_____

_____

_____

Things I'm thinking about and learning about:

Date: _____

MY
GRATITUDE:

1. _____
2. _____
3. _____
4. _____
5. _____

MY
NEEDS:

1. _____
2. _____
3. _____
4. _____
5. _____

FRIENDS I'M
PRAYING FOR:

1. _____
2. _____
3. _____
4. _____
5. _____

Notes from Bible Reading

_____

_____

_____

_____

_____

_____

Things I'm thinking about and learning about:

Date: _____

MY
GRATITUDE:

1. _____
2. _____
3. _____
4. _____
5. _____

MY
NEEDS:

1. _____
2. _____
3. _____
4. _____
5. _____

FRIENDS I'M
PRAYING FOR:

1. _____
2. _____
3. _____
4. _____
5. _____

Notes from Bible Reading

_____
_____
_____
_____
_____
_____

Things I'm thinking about and learning about:

Date: _____

MY GRATITUDE:	1. _____
	2. _____
	3. _____
	4. _____
	5. _____

MY NEEDS:	1. _____
	2. _____
	3. _____
	4. _____
	5. _____

FRIENDS I'M PRAYING FOR:	1. _____
	2. _____
	3. _____
	4. _____
	5. _____

Notes from Bible Reading

_____

_____

_____

_____

_____

_____

Things I'm thinking about and learning about:

Date: _____

MY
GRATITUDE:

1. _____
2. _____
3. _____
4. _____
5. _____

MY
NEEDS:

1. _____
2. _____
3. _____
4. _____
5. _____

FRIENDS I'M
PRAYING FOR:

1. _____
2. _____
3. _____
4. _____
5. _____

Notes from Bible Reading

_____
_____
_____
_____
_____
_____

Things I'm thinking about and learning about:

Date: _____

MY
GRATITUDE:

1. _____
2. _____
3. _____
4. _____
5. _____

MY
NEEDS:

1. _____
2. _____
3. _____
4. _____
5. _____

FRIENDS I'M
PRAYING FOR:

1. _____
2. _____
3. _____
4. _____
5. _____

Notes from Bible Reading

_____
_____
_____
_____
_____
_____

Things I'm thinking about and learning about:

Date: _____

MY
GRATITUDE:

1. _____
2. _____
3. _____
4. _____
5. _____

MY
NEEDS:

1. _____
2. _____
3. _____
4. _____
5. _____

FRIENDS I'M
PRAYING FOR:

1. _____
2. _____
3. _____
4. _____
5. _____

Notes from Bible Reading

_____
_____
_____
_____
_____
_____

Things I'm thinking about and learning about:

Date: _____

MY
GRATITUDE:

1. _____
2. _____
3. _____
4. _____
5. _____

MY
NEEDS:

1. _____
2. _____
3. _____
4. _____
5. _____

FRIENDS I'M
PRAYING FOR:

1. _____
2. _____
3. _____
4. _____
5. _____

Notes from Bible Reading

_____
_____
_____
_____
_____
_____

Things I'm thinking about and learning about:

Psalm 139

"LORD, *you have examined me and you know me.*
You know everything I do;
from far away you understand all my thoughts.
You see me, whether I am working or resting;
you know all my actions. Even before I speak,
you already know what I will say.
You are all around me on every side;
you protect me with your power . . ." (GNT)

Date: _____

MY GRATITUDE:

1. _____
2. _____
3. _____
4. _____
5. _____

MY NEEDS:

1. _____
2. _____
3. _____
4. _____
5. _____

FRIENDS I'M PRAYING FOR:

1. _____
2. _____
3. _____
4. _____
5. _____

Notes from Bible Reading

_____
_____
_____
_____
_____
_____

Things I'm thinking about and learning about:

Date: _____

MY
GRATITUDE:

1. _____
2. _____
3. _____
4. _____
5. _____

MY
NEEDS:

1. _____
2. _____
3. _____
4. _____
5. _____

FRIENDS I'M
PRAYING FOR:

1. _____
2. _____
3. _____
4. _____
5. _____

Notes from Bible Reading

_____
_____
_____
_____
_____
_____

Things I'm thinking about and learning about:

Date: _____

MY
GRATITUDE:

1. _____
2. _____
3. _____
4. _____
5. _____

MY
NEEDS:

1. _____
2. _____
3. _____
4. _____
5. _____

FRIENDS I'M
PRAYING FOR:

1. _____
2. _____
3. _____
4. _____
5. _____

Notes from Bible Reading

_____

_____

_____

_____

_____

_____

Things I'm thinking about and learning about:

Date: _____

MY
GRATITUDE:

1. _____
2. _____
3. _____
4. _____
5. _____

MY
NEEDS:

1. _____
2. _____
3. _____
4. _____
5. _____

FRIENDS I'M
PRAYING FOR:

1. _____
2. _____
3. _____
4. _____
5. _____

Notes from Bible Reading

_____
_____
_____
_____
_____
_____

Things I'm thinking about and learning about:

Date: _____

MY
GRATITUDE:

1. _____
2. _____
3. _____
4. _____
5. _____

MY
NEEDS:

1. _____
2. _____
3. _____
4. _____
5. _____

FRIENDS I'M
PRAYING FOR:

1. _____
2. _____
3. _____
4. _____
5. _____

Notes from Bible Reading

_____
_____
_____
_____
_____
_____

Things I'm thinking about and learning about:

Date: _____

MY
GRATITUDE:

1. _____
2. _____
3. _____
4. _____
5. _____

MY
NEEDS:

1. _____
2. _____
3. _____
4. _____
5. _____

FRIENDS I'M
PRAYING FOR:

1. _____
2. _____
3. _____
4. _____
5. _____

Notes from Bible Reading

_____
_____
_____
_____
_____
_____

Things I'm thinking about and learning about:

Date: _____

MY
GRATITUDE:

1. _____
2. _____
3. _____
4. _____
5. _____

MY
NEEDS:

1. _____
2. _____
3. _____
4. _____
5. _____

FRIENDS I'M
PRAYING FOR:

1. _____
2. _____
3. _____
4. _____
5. _____

Notes from Bible Reading

_____
_____
_____
_____
_____
_____

Things I'm thinking about and learning about:

Date: _____

MY
GRATITUDE:

1. _____
2. _____
3. _____
4. _____
5. _____

MY
NEEDS:

1. _____
2. _____
3. _____
4. _____
5. _____

FRIENDS I'M
PRAYING FOR:

1. _____
2. _____
3. _____
4. _____
5. _____

Notes from Bible Reading

_____
_____
_____
_____
_____
_____

Things I'm thinking about and learning about:

Date: _____

MY GRATITUDE:

1. _____
2. _____
3. _____
4. _____
5. _____

MY NEEDS:

1. _____
2. _____
3. _____
4. _____
5. _____

FRIENDS I'M PRAYING FOR:

1. _____
2. _____
3. _____
4. _____
5. _____

Notes from Bible Reading

_____

_____

_____

_____

_____

_____

Things I'm thinking about and learning about:

Date: _____

MY
GRATITUDE:

1. _____
2. _____
3. _____
4. _____
5. _____

MY
NEEDS:

1. _____
2. _____
3. _____
4. _____
5. _____

FRIENDS I'M
PRAYING FOR:

1. _____
2. _____
3. _____
4. _____
5. _____

Notes from Bible Reading

_____

_____

_____

_____

_____

Things I'm thinking about and learning about:

Date: _____

MY GRATITUDE:

1. _____
2. _____
3. _____
4. _____
5. _____

MY NEEDS:

1. _____
2. _____
3. _____
4. _____
5. _____

FRIENDS I'M PRAYING FOR:

1. _____
2. _____
3. _____
4. _____
5. _____

Notes from Bible Reading

_____
_____
_____
_____
_____
_____

Things I'm thinking about and learning about:

Date: _____

MY
GRATITUDE:

1. _____
2. _____
3. _____
4. _____
5. _____

MY
NEEDS:

1. _____
2. _____
3. _____
4. _____
5. _____

FRIENDS I'M
PRAYING FOR:

1. _____
2. _____
3. _____
4. _____
5. _____

Notes from Bible Reading

_____

_____

_____

_____

_____

_____

Things I'm thinking about and learning about:

1 Timothy 6:17-19

"Command those who are rich
in the things of this life not to be proud,
but to place their hope,
not in such an uncertain thing as riches,
but in God, who generously gives us
everything for our enjoyment.
Command them to do good,
to be rich in good works,
to be generous
and ready to share with others.
In this way they will store up
for themselves a treasure
which will be a solid foundation
for the future.
And then they will be able to win
the life which is true life." (GNT)

Date: _____

MY
GRATITUDE:

1. _____
2. _____
3. _____
4. _____
5. _____

MY
NEEDS:

1. _____
2. _____
3. _____
4. _____
5. _____

FRIENDS I'M
PRAYING FOR:

1. _____
2. _____
3. _____
4. _____
5. _____

Notes from Bible Reading

_____
_____
_____
_____
_____
_____

Things I'm thinking about and learning about:

Date: _____

MY GRATITUDE:	1. _____ 2. _____ 3. _____ 4. _____ 5. _____
MY NEEDS:	1. _____ 2. _____ 3. _____ 4. _____ 5. _____
FRIENDS I'M PRAYING FOR:	1. _____ 2. _____ 3. _____ 4. _____ 5. _____

Notes from Bible Reading

_____

_____

_____

_____

_____

_____

Things I'm thinking about and learning about:

Date: _____

MY
GRATITUDE:

1. _____
2. _____
3. _____
4. _____
5. _____

MY
NEEDS:

1. _____
2. _____
3. _____
4. _____
5. _____

FRIENDS I'M
PRAYING FOR:

1. _____
2. _____
3. _____
4. _____
5. _____

Notes from Bible Reading

_____

_____

_____

_____

_____

_____

Things I'm thinking about and learning about:

Date: _____

MY
GRATITUDE:

1. _____
2. _____
3. _____
4. _____
5. _____

MY
NEEDS:

1. _____
2. _____
3. _____
4. _____
5. _____

FRIENDS I'M
PRAYING FOR:

1. _____
2. _____
3. _____
4. _____
5. _____

Notes from Bible Reading

_____
_____
_____
_____
_____
_____

Things I'm thinking about and learning about:

Date: _____

MY
GRATITUDE:

1. _____
2. _____
3. _____
4. _____
5. _____

MY
NEEDS:

1. _____
2. _____
3. _____
4. _____
5. _____

FRIENDS I'M
PRAYING FOR:

1. _____
2. _____
3. _____
4. _____
5. _____

Notes from Bible Reading

_____
_____
_____
_____
_____
_____

Things I'm thinking about and learning about:

Date: _____

MY
GRATITUDE:

1. _____
2. _____
3. _____
4. _____
5. _____

MY
NEEDS:

1. _____
2. _____
3. _____
4. _____
5. _____

FRIENDS I'M
PRAYING FOR:

1. _____
2. _____
3. _____
4. _____
5. _____

Notes from Bible Reading

_____
_____
_____
_____
_____
_____

Things I'm thinking about and learning about:

Date: _____

MY
GRATITUDE:

1. _____
2. _____
3. _____
4. _____
5. _____

MY
NEEDS:

1. _____
2. _____
3. _____
4. _____
5. _____

FRIENDS I'M
PRAYING FOR:

1. _____
2. _____
3. _____
4. _____
5. _____

Notes from Bible Reading

_____
_____
_____
_____
_____
_____

Things I'm thinking about and learning about:

Date: _____

MY
GRATITUDE:

1. _____
2. _____
3. _____
4. _____
5. _____

MY
NEEDS:

1. _____
2. _____
3. _____
4. _____
5. _____

FRIENDS I'M
PRAYING FOR:

1. _____
2. _____
3. _____
4. _____
5. _____

Notes from Bible Reading

_____

_____

_____

_____

_____

_____

Things I'm thinking about and learning about: